L·E·E·I·N·W·O·O P·O·E·T

이인우목사 세번째 시집

어쩌면 오늘

도서출판 **평강**

| 머리시 |

세 번째 시집
어쩌면 오늘을 발간하면서

이인우

어쩌면 나 이인우라는 사람이 이 세상에 살았음이 얼마나 신비롭고 아름다운 일이었는지를 종종 생각한다.

나 뿐만이 아니라 이 세상을 살고 있거나 살았거나 한 사람 모두가 그렇다는 생각을 날마다 하면서 하루의 첫시간을 통영 앞 바닷가를 거닐게 되고 그 일로 인하여 등대를 만나고 비단결 같은 바다를 바라본다. 그러다 보면 아침 햇살속에 울렁거리며 물살을 헤치고 가는 배들을 만난다. 그들을 만나는 것이 나에게 한 편의 시가 되고 인생이 된다.

어언 여든 해의 세월도 절반에 다가와 늦게서라도 서툰 솜씨로 한편 한편 써 모았던 시를 정리하여 세 번째의 졸작 시집을 내어놓게 되어 감개 무량하다.

어쩌면 인생의 마지막이 되는 부끄러움을 남기고 싶다.

그동안 여러면으로 격려해 주신 분들께 감사의 인사를 드리며 그래도 나의 가장 가까운 곁에서 함께하여 주신 하나님께 영광을 돌리는 마음으로 이 시집을 상재한다.

특히 이익을 바라지 않고 출판해 주신 도서출판 평강의 황순일 장로님께 감사의 인사를 드린다.

지은이

| 축간사 |

이인우 목사의
세 번째 시집
어쩌면 오늘의 상재를 축하합니다

강득송

노익장의 자랑이라도 하듯 지난 해에 두 번째 시집을 간행한 이인우 목사께서(시인) 금년들어 세 번째 시집 "어쩌면 오늘"을 상재하게 되었음을 축하합니다

한편의 시를 쓰는데도 무척이나 힘이 드는데 이렇게 백 여 편의 시를 창작하여 한 권의 문집으로 엮어내는 일은 대단한 열정이라 하지 않을 수 없습니다. 특히 '어쩌면 오늘'이라는 새로운 메타포로 엮여가는 시의 그 생소한 역작에 박수를 보내지 않을 수 없습니다.

이미 여든을 넘긴 나이에 이렇게 과감하게 던진 그 한마디. "어쩌면 오늘"이라는 전대미문의 세계와 아직도 지나가지 않은 길을 걷는듯 숨겨진 인간의 미래를 탐색하는 그 의도가 새롭습니다.

참 어쩌면 오늘 아직도 일지 못하는 그 시간 우리는 무엇을 할까요? 그의 시집명 같이 다같이 그 길을 접하는 존재적 자아를 거듭 밟아가는 좋은 역사가 있기를 바라면서 축하합니다.

앞으로 백세의 시인이 되어 더 알찬 어쩌면 그 오늘을 밝혀가는 시를 많이 창작하기를 기대하면서 축하합니다.

목차 Contents

제1부 유월에　09
- 오월의 하늘길
- 봄
- 풀꽃
- 까치밥
- 네 잎 클로버
- 국화
- 봄바람
- 매화
- 개척자
- 무인도
- 코스모스
- 구월 추억
- 봄 향기
- 유월에
- 노인의 노래
- 굿모닝
- 가을 사랑
- 초봄

제2부 봄 바다에서　29
- 봄 바다에서
- 봄 바다
- 바람의 정
- 허수아비
- 첫 눈
- 감꽃
- 春(봄)
- 동백꽃
- 황혼
- 겨울밤
- 잃어버린 나
- 불어라바람아
- 고드름
- 초겨울의 밤
- 立冬

제3부 우리 집　47
- 세상
- 우리 집
- 어딜 갔소
- 신세타령
- 삶이란
- 삶 속에서
- 그 나라
- 떡국
- 삶
- 그의 날
- 내 인생
- 인생무상
- 어디 갔나
- 믿음
- 꿈
- 피난처
- 기억
- 희망 …

7

Contents

제4부 그리움은 73

- 그리움은
- 無題
- 기다림 1
- 소망의 나라로
- 못 잊어
- 一生
- 착각
- 사랑은
- 기다림 2
- 그리움
- 꿈길에서
- 외쳐라
- 외길
- 무엇하리
- 주의 왕국
- 기약
- 바람이어라

제5부 어쩌면 오늘 93

- 어쩌면 오늘
- 기다림 1
- 성경책
- 세상
- 生命
- 소망
- 散策(산책)
- 生
- 약속
- 기다림 2
- 행복
- 슬퍼하지 말자
- 3년 세월
- 희망
- 恩寵(은총)
- 나그네
- 친구
- 이별
- 철없는 인생
- 다 끝났다
- 바람
- 기다려 보자

제1부
유월에

오월의 하늘길

장미꽃 피는 언덕이
이렇게 아름다울 줄 몰랐습니다

늘 옆을 지킨 그 사람이
파란 하늘 하얀 구름조각 되어
흘러가 버릴 줄
미처 몰랐습니다

따뜻한 작은 손
헐벗으며 괴로워도
자식들 걱정에 밤새워 눈물로
참고 견디든 그 아픔을
가슴 졸여 기도하시던 엄마 사랑
돈 없는 설움에
무능한 한 남자의 외로움에
홀로 통곡하던 기도
어둠이 가려준 그때 그날들

부끄러움에 밀려나 짜증내었지
날 버리고 떠났어도
할 말 없었지

소식 없이 돌아왔을 때마다
내 마음 몰라줘도
이만하면 고맙지

이젠 다 놓아야 할까 보다
미운 정 고운 정 다 하였나
늙고 늙어진 오늘에
야속함이 못이 되어 박혀 있어도
웃으며 홀로 살아도 더 바라면 욕심인 것을

조용히 봄 편지 쓰며
아무도 모르게 아무도 모르게
훌훌 벗어두고
오월의 하늘길로 가면 좋겠다
장미꽃 길 따라

봄바람

바람 일고
쌀쌀맞은 마음이
고요한 바다
잠든 등대를 깨운다

욕심많은 바람
아롱아롱 흔들어
멀리멀리 바다 끝 멀리
섬 넘어 가버린 사람

등대야 이제 그만하면
안되겠나?
혹여 돌아오는 봄으로
함께 오려나

봄 향기

촉촉이 젖은 텃밭이
파아랗게 변해간다

찬바람 덮은 구름 아래 빗방울 소리
계절도 세월도 새로워진다

언제 봄이든가
못다간 겨울이 남긴 매화꽃 한참인데

오호라
내가 늙어 오감이 무뎌진 것을

이 봄도

오늘도 오늘 일 뿐인가
비켜 흐를 뿐이지

허공에 뜬 내 오감은
밤별 하나이어도 좋다

봄

봄인가 하여
길 따라 나갔더니

갈매기 울어
전하는 소식은

먼 바다 저 섬 넘어
아득한 임의 소식

기다려 또 기다려도
백발 머리 휘날려도

행여 저길인가
등대에게 물어본다

혹여 서산머리
낙조에 실려 오려나

매화

새벽에 우는 까마귀
식구들 굶겨 울고
비둘기는
배고파 운다

물안개 피는 언덕
매화는 왜 울고 있나

찬바람 뼈 속으로
파고드는 이월 초
돌아갈 내 집은 어디인가

조금만 더 참아보자
춘삼월 오면
봄비에 온몸 씻어
새 옷 갈아입고 임 맞을까

유월에

제 새끼 찾는
뻐꾸기가 운다

산골짝 어미의
아픔이다

키워 찾는 슬픔
기다리는 순간

걱정하고 염려하는
어미 마음

뻐꾹 뻐꾹 뻐어꾹
서러운 네 울음에
봄꽃들이 따라 운다

풀꽃

고독하게 하는 옛 기억
그립고 그리운 추억을

늙어늙어 홀로 살아도
그리움은 더욱 피어나고

되돌아가자 해도
끊긴 소식 들을 길 없다

그리움에 지쳐
서쪽 하늘 노을로 타는 외로움

누구도 피할 수 없는 삶은
내 몫으로 남겨 두자

가슴 타고 흐르는 속눈물
햇살아래 풀꽃으로 핀다

개척자

여보 우리 함께 가자
긴긴 세월 계절을 잊고
오직 한길 여기까지 왔으니

늙어 온 길
친구 되고 엄마 되고
하루에도 수십 번
당신 덕에 살아온 길

다 어딜 가고 홀로 남아
타향에서 늙고 있나

예배당 앞산 소나무
푸르게 자라는데

겨울비에 젖어 울고 서 있는 우리
어서 가자 소망의 나라로
여보, 우리 함께 가자!

노인의 노래

아 김치 맛있게 담가졌다
보드라운 배추잎에
양념 붉게 물들이고
쪽쪽 찢어 밥숟가락에 올려놓아
한입에 먹는

가을 하늘 파랗게 물들었다
가슴 앓는 할배야
다 떠나고 없는 빈들에 왜 서 있나
마음속 텅 빈 곳 찬바람 불어 지나면
시린 몸 떨며 불러도 대답 없다

홀로 남겨진 노년의 삶
어둡고 깜깜한 하늘 별 헤며
파도소리 등대에 작은 빛을 찾는다

내 갈길 빛 되소서
아쉽다 탄식해도 다 지나간 것을
그냥 가슴에 묻어두자
되돌아 갈 수 없는 여정이라면
후회한들 어찌하랴
비바람에 익어진 노래여

까치밥

유혹의 달콤함
그 빛의 맛을 잊을 수 없기에
찾아다니다
얼어 죽지 말라고
일상으로 준비된 양식
여기 저기도 있다

유혹과 미혹
소식은 내 손에 들려주신 이름
눈을 들어 위엣 것을 생각하라고 한다

된서리 찬바람이
나뭇잎 지우고
꽃잎 웃는 얼굴이
봄 다시 맞으려나

새 울음 물가 얼어둔 얼음
녹아든 그날
동녘 해 뜬 길 위로
나그네 걸음마다
더딘 노을이 잠든다

무인도

떠나간 길 위엔 흔적조차 없구나
세월이 계절을 따라오고 떠난다
아련하고 몽롱한
꿈 아닌 삶을 잃은 나는
여기 있어도 저기에 있어도
나를 기다려 주지 않는다
바람이 된 허수아비는
이 겨울을 홀로 간다

낙엽들도 제 길 가버리고
다시 못 올 길 떠나면
기다리는 어리석음의 허수아비

아! 그리움은 어쩌나
누더기의 옷 속으로
파고든 겨울바람
피 마른 상처만이라도 덮어 두어라

굿모닝

소나기 내리는
아침 아침인사

혼자의 집안에서
마음을 읽는다

내게 욕심이 있다면
불만과 원망이 있다면

누구에게 말할까!?

네 잎 클로버

어쩌나 즐거움을 잊어버렸다
하늘은 파랗고
가을 색 노을 닮은 산하에
나를 세워 두었다

밤과 낮이 스치고 지나가는
바람과 사람들
의미 잃은 소리

새들 지절거리는 정다움이
가을 걱정으로
경험 없는 수다들

강은 흘러흘러 바다에 순환을
모르고 이어 흐른다
정지된 세상 나만의 고독을

바뀌고 또 바뀌어도
정체된 듯 거짓 앞에 속지 말자
나를 보면 일 초도 멈추지 않고
끌려온 오늘이라
아! 삶이란 한때

코스모스

어우러진 세계
부드럽고 평화롭고
조화롭다

그래서 너는 아름답다
한 세상 닮은
삶이 되었다면

잃어버린 사랑
식어버린 감성의 공허여

무너진 오후
차 안에 모여앉아
앞일 몰라 물어보면
내일일 아는 이 없어
바보가 되었다

가을 사랑

공중에 매달아 둔
이유를 난 모르나

그리운 이의 마음에서
밀어 내 놓인 외톨이

그립게 외는 가을 달빛은
내 안의 눈물이 된다

언젠가 만날 그날 있으리
달빛이 흐르는 물결처럼 아롱지는 사랑

귀뚜라미 울어 밖으로 나갔더니
희미한 섬들에 불빛만 반짝인다

여린 사랑이 서늘하여
달빛이 민망해 구름 뒤로 숨었다

국화

하늘 흰 구름
넋 잃고 너를 본다

파란 하늘 건너가서
움키고 잡으려 해도

높고 높아
몸부림 쳐 불러 본다

하늘 선녀보다 더
임이 그립다

어디서 왔니

그리는 내 맘에
젖어드는 너

구월 추억

갈바람이 일면
뭉게구름 뜬 파란 하늘
부풀어 오는 가슴앓이
꽃은 시들어 떨어지고
쓸쓸한 바닷길 갈매기 울음소리

임의 자취 멀어지고
할미꽃 자리 무덤가에
달빛 어린 밤 별빛 먼 하늘
임의 그림자

익어가는 구월!
그리움 묻어난 황혼이
날 불러내고
아직은 밴 땀이 남아 있다
그리움만 차오르는
등대 아래 혼자 외롭다

어서 오소서
구월의 하늘 가르고
내리는 소낙비로
은혜의 빗방울로 날 씻겨 주소서

초봄

언제 올까 하였더니
남쪽바람이 살랑살랑 숨어오듯
밭두렁 논두렁이 파릇파릇
웃는 애기풀들의 예쁜 얼굴
추녀 끝 빗방울이 깨웠나
형형색색 들풀이 낯이 익다

민들레 하얀 꽃씨 시집가는데
꽃샘추위 잊고 성급해 하였구나

야금야금 곁에 와 선
봄 아가씨의 향기에
둥둥 흰 구름 되어
파랗게 물들어 가는 萬象

제2부
봄 바다에서

봄 바다에서

쪽빛 물이 들면
쪽빛 새 옷 갈아입고
작게 춤춘다

흐르는 곳 따라
먼 섬들 넘어 태평양 돌아보며
해는 뜨고 지는 그때 그곳이
그리움인 것을

밤 가고 낮 가고
세월이 가고
추억은 신기루
봄은 생명의 작은 꿈들이
흙에 누웠다

작은 네 얼굴이
마음에 가득히 차면
양지 봄꽃 꺾어 들고
내 앞에 서 줄까
하얀 구름옷 갈아입고
너를 보며 울리라!!

감꽃

초여름이 되었나
보릿고개 넘느라
개미허리 채우느라
키 큰 감나무 밑에 하얀 꽃
줍는 대로 아작아작
떫은맛 쓴맛 단맛 가릴 것이 없었다

단발머리 소녀는 치마폭에 담아놓고
조롱조롱 목걸이 손목 걸이 가락지
관을 쓰고 공주님이 되었다
연한 바람이 불어
꿈 꽃나비가 되어 날아올랐다

도시에 감나무도 감꽃도 없지만
하얀 머리 바람을 타고
시골길을 여행한다

변해버린 오솔길
개울도 보이지 않고
산천에 부는 바람도
고향 감꽃향기 잃었다

잃어버린 나

기다리던
동백꽃이 떨어진다

한 송이 또 한 송이
엄동설한에 망울 망울
활짝 웃는 연분홍빛
기다림이

맺지 못한 그 사랑
애태우다 병들었나
온몸 던져 봄바람에
낙화유수로 흘러가나

엎드려진 예쁜 얼굴
바로 뉘어 너를 본다
이것이 삶이라더냐
긴긴 한낮 한이 되어
새벽이슬에 흘린 눈물

새벽 별 바라보며
무상한 세월
탓하여 무엇하랴

두어라 흐르다
비 그치는 날
산 넘고 물 건너는
무지개 되리라
아직은 더 살아야 할 것 같다

봄 바다

쪽빛물 들어
새 옷 갈아입고
흔들려 춤춘다

먼 섬들 돌아 태평양 대서양 인도양
해 뜨고 지는 그때가
그리움인 것을 알까

밤 가고 낮이 가고
세월이 가고
추억은 신기루가 되었다

작은 꿈들이 흙에 누웠다
작고 작은 네 얼굴이
마음에 가득히 차면

양지녘에 봄꽃 꺾어 들고
내 앞에 서 줄까
하얀 구름옷 갈아입고
너를 안고 울리라

春(봄)

아 봄인가
길거리마다 벚꽃이 화려하다

젊은 시절의 감정보다
무디어졌다지만
한끝 산천과 바다는
달라진 것 없구나

아하!
봄의 풍경 외롭다는 것
나만 변하였구나
봄은 봄인데....

불어라 봄바람아

깨워라 생명아
봉오리 활짝 열어라
봄을 노래하자
대지 위에 메아리로

봄의 교향악
산새 들새 까치
노랑나비 흰나비들
모여라 모여오라
우리 다 함께 가자

바다 끝 청산으로
바람 따라 구름 따라
훨훨 하늘을 넘어
은하수 배 띄워 건너
샛별 길 마중가자

봄바람아 우릴 실어
하늘 샛별 따서
내 가슴에
불어라 봄바람아

바람의 정

봄꽃망울 흔들어 깨운다
진달래 핀 야산에
참새 떼 식구들 정겹다

노랑나비 시냇물 거슬러 날고
풀꽃들 서로 엉겨 볕을 즐거워한다

뱃길 내려다보며
충정을 잃었구나
섬 돌아오는 뱃길이 푸른 물길 뒤집는다

불러도 또 불러도
대답이 없는 등대
그리움만 흐른다

하늘 끝 한 점 구름이
돌아앉은 섬 자락에 숨는다
하얀 손수건 흔들어 안녕을 …….

동백꽃

겨우내 핀
동백꽃들이 떨어진다

한 송이 또 한 송이
엄동설한에 망울 망울 맺었더니
활짝 웃는 연분홍빛
봄볕에 녹아 피어난다
맺지 못한 그 사랑
애태우다 병 들었나

온 몸 던져 봄바람에
엎드러진 예쁜 얼굴
바로 뉘어 너를 본다.

긴긴 밤 한이 되어
새벽이슬에 흘린 눈물
비바람도 마다하고
새벽 별 바라본다

무상타 세월
탓하여 무엇하랴
두어라 비 그치는 날

산 넘고 물 건너는
무지개로 피리라

고드름

너 참 오래만이다
바위에 매달아 둔 겨울의 상징
초가지붕 끝에도 총총총

군불 땐 방안에 오순도순
호롱불 벽에 비친 그림자들
언 몸 녹이려 벗은 발 밀어내며
잠을 자던 식구들
지금 어디에

빈 방 안에서
멀어진 추억들이
이 밤을 시샘하듯 밀려온다

불지마라 바람아
님 오시는 길 막지마라
별들이 파랗게 함께 오실라

허수아비

재촉하는 비가
기다림에 지쳐 울고 있나

풀밭은 가슴 열고
가지 끝에 이슬방울 받느니
유리같이 맑은 눈물로 열어둔 바람

갓난아이 젖꼭지 물고 옹알이하듯
생명의 탄생 그 향기가
흐르는 하늘 공간에 만물을 깨우는

가을의 멜로디로
산골 울리는 도랑물로 내린다

오늘도 내 님 그리며
허허벌판에 서서 오는
비 속의 너를 불러라

황혼

곱디고운 그리움
가슴속에서 우는 체취가
지나간 그때가 그립다 한다

삶의 끝자락에
고운 당신을 그리워해도
보이지 않고

부슬부슬 오는 비
방 안의 추억만 가득하여
내리는 빗방울
눈물로 헨다

아름답다
누가 자랑하랴
타버린 삶의 끝으로 오는
제빛 하늘

초겨울의 밤

높푸른 하늘
펼쳐 놓은 생명의 바다
갈매기 날아드는
흘러가는 흰 구름아
채색옷 입고 떠나간
시집간 누이

갈바람에 밤 별 하나
외론 하늘에 반짝인다

초겨울 달이
별들을 보고 또 보고
긴긴 밤 고향 길 더듬는다

된서리 내리기 전
낙엽따라 가버린
사랑아 내 사랑아

첫 눈

바다 멀리 건너온
겨울 햇빛 아래 아롱아롱
첫눈 녹인 남해 고도에
그리움 불러 봐도
메아리만 멀어져 가고
은하수에 뜬 구름은
날 오라 손짓한다

첫눈에 반해버린
바보들의 행진
하얀 마음에 그린 그림을
흰 눈이 덮는다

지친 언덕
먹구름 찬바람에
내린 아픔이다

남해 잠든 창선 좁은 물결이
나를 두고 흘러 떠 간다
첫눈 내리는 머리카락에
백발이 바람 되어
빈 하늘 따라
고독으로 흐른다

겨울밤

넌 왜 울고 있나
풀벌레 귀뚜라미
불빛에 놀라 울고 갔나

눈 내리지 않고
비바람도 없다
등대 너만 울지 않고
가슴 한 구석에서
내 노래가 울고 있다

아 다 지나간 추억
그림의 떡 같아서
옛꿈조차 잊으라 하는데
그래 아련하다
부푼 풍선 터지듯이
목을 넘는 그리움아
긴 한숨 흘러흘러 어디로 가나
깊어 가는 긴긴 이 밤
가로등 그림자만 외롭다

立冬

뜨는 해 저문 가을
낙엽 떨구고
봄 기다리는 …….

폭풍 안에 이슬 되고
구름 되어 삶을 바꾸며
등대의 햇살 받은 바다 물결

도란도란
아랫목 비워놓고
엄마 기다린 우리

바람 소리 외로워
흘러간 구름이 되고
등대에 파도만 서럽다

제3부

우리 집

세상

네 편 내 편으로 나누어진
흑과 백의 투쟁
끝이 없는 미로에 빠져
허덕이는,

죽기 살기로
나만 살면 된다

사랑은 식어지고
믿음도 사라진다

정으로 얽히어 살아온
우리들 세상
그때가 그립다

그 나라

하늘이 닫힌 듯
어두워 가는 밤 지나고

비 내린 들에 새싹이 돋듯
푸른빛을 더하는구나

새벽빛 하늘은 붉게 물들고
열 두 진주문 성도들의 찬양에
만유의 왕을 영접한다

우렁찬 나팔소리
밝고 맑은 영원의 생명

홀연히
그 나라 상속하리라
온전한 기쁨으로

어디 갔나

다시 볼 수가 없구나
아! 햇빛 아래 봄맞이
해길 따라 하늘 가보자
시계 안의 나와
쉬지 못하는 지구 그 속 앓이에

하늘도 바다도
쉼이 없는 영원 속에 헤맨다.
심장이 숨 가빠서
시계 안에서 쉼을 찾는다

계절 따라간다
젊음도 늙음도
情도 사랑도
믿음 하나 심고
실상은 몰라도 그리워한다

한 알의 밀알로
때를 기다리면 열매 거두리

여유로운 바다 안으로
바람이 구름 덮어 하늘을 가려

언 가슴 녹여내는 눈물인가
그대 그리워

봄 길 바라보며 찾아보리라
석양빛 그 서러움이
한 해 두 해 세 해 …….

우리 집

설 설 지나간다
때때옷 입고 널 뛰며
깔깔 웃는 처녀들

높이 뛰어 담 넘어 있는
낯익은 총각
한눈 파는 처녀
가슴이 흔들린다

새 옷 새 신발에
아이들 웃음소리
강아지 덩달아
까마귀는 까악까악
먹다 남긴 음식 먹고 …….

조상님 무덤 앞에 할배
아배 아들 손자 둘러서 절한다
도란도란 웃음소리 눈섭 세면 안 되지
참다 참다 잠들고
설날 밤 고요히 잠든 우리 집

떡국

가래떡 굳기 전
빼딱빼딱 썰어라
동글동글 쫀득쫀득
퍼서 담은 내 그릇에

떡국
엄마생각 고향생각
우루루 함께 맛바람에 게눈 감추듯 숟갈질 한다

둥근 상에 둘러앉은
열 식구 다 어디에
시집가고 장가가 수수십년
산도 들도 변한 고향

무덤에 이름 석자 혼자 외롭다
빈방에 홀로 누워
추억하는

누리기 아까워
떡국 파는 식당 어디지
독백한다

믿음

얼마나 좋을까
믿음의 결국이
영생의 삶이라

루시퍼 그룹과
스랍들을
무저갱에 가두어라

거짓의 아비
세상 어둠의 왕 아래
그의 자식들의 세상으로

꽃보다 더 아름다운
하늘의 주님 그곳이여
내 이름 기록된 나라

돌봐 주신 은혜 안에
예비된 내 집으로 나는 가리
새 몸 입혀 불러 주시리

어딜 갔소

한 세월 한 세상
한 생명으로 나도 가리라

가지마라 가지마라
해도달도 가지마라
여름갈봄 꽃열매도
비맞으며 어딜가나

하늘있고 바다에는
등대지기 고요한데
사랑찾아 섬나들이
해녀심정 따돌리고
어딜가오 날더러는
어짜자고

삶

산에선 산바람이
파도 이는 섬 바람이
들엔 눈바람이
하늘엔 천사들의 향기바람이
방 문 활짝 열면

임의 치맛자락 스치는 바람소리
끌어들인 공기에 폐 심장 간장이 부어오르면
내뱉은 콧바람이 폭풍이 되어
별이 떨고
구름을 안고 자폭하면
천둥이 들어 던져놓고 노래한다.
아! 세월은 잘 간다
놓아 두어야 간다
시원하다 상쾌하다
즐거워라 한세상아!!

아름다움
태어날 그때 난 예뻤을까 미웠을까
만유는 지음을 받았을 그때 보시기에 좋았더라
오늘에 만유가 내 마음속에 사무쳐
길 가며 만상이 그리운 이유도

봄을 불러 갈매기들 불러 모아
햇살아래 뱃고동 아리아 노래 속에
아픈 추억이 너를 부른다

꿈꾸듯 떠날 그날을 기다리는 길 끝에
등대같이 내 쉴 곳 아직은
구름길에 막혔는가
초라한 어깨 펴고 오늘을 또 간다

꿈

꿈 속에 이룬 꿈
깬 꿈에서 넉다운

기분 내고 한바탕
바람타고 놀아보자

남에서 부는 바람
연분홍 치맛바람

그 바람에 속은
풀잎에 눈망울들이

간밤 꿈에 속아
언 얼굴 굽혀 누었다

한낮 구름에 속아서
빈 바닷길 나섰다

한겨울 매운바람이
뼛속까지 얼어 물결이 날 보고

고소하다며 등대로 가자더니
갈매기들 바람 맞아서
부러워 파란 하늘에 그리움이 되었다

신세타령

삭풍이 나뭇가지 잡고
놀자 하지만

그리움이 물결 넘고 섬을 지나서
소식을 묻는다.

낙조에 시름 얹어두고
그림자 앞세워
흰머리에 봄볕으로
세월을 건넌다

나이를 잊자 추억도 잊자
사랑도 그리움도 다 잊자

노란 하늘이 사라진다
홀로 선 등대에 비친 노을이 된다

그의 날

고운 소식
살랑살랑 바람 곁에 서면
햇빛 아래 바다가 좋고
눈감고 하늘을 날아
하룻길 준비 하였다

봄날은 꿈꾸며
다시오마 하신
그 약속일까

신부의 혼인집이
공중이라
공중권세 잡은 자들이
내쫓긴 그 자리
약속의 그 때를 기다린 사람

밤마다 잠 못 이루며
보라! 신랑이로다
혼인잔치의 때 알리는 큰 나팔소리
환희의 그날을 오매불망 하여라

피난처

약속의 그때가 행여 오늘일까
기다린 지 몇몇 해지?
해성의 꼬리 잡고 꿈꾸는 신부

보라! 신랑이로다
큰 나팔 소리에 채어 오를 그때
그 황홀함을 그리워하자

환난의 고통을 접고
공중으로 끓어오른 신부여
천사들의 찬송 소리 영화로운 그날

재림하실 준비기간 혼인 여행 끝나면
왕으로 오실 그날엔
온 성도 주안에서 기업이 되리

하룻길 해 따라 넘고
바람길에 옷자락 여미며
움추린 가지 위로 새 두엇이 정답다

눈 내리든 어느 날
동백꽃 봉우리마다

붉은 꽃 양지 녘에
아직도 나는 여기에

삶이란

해맑은 아침
푸른 하늘이 드니
구름이 덮이고
바람이 불어와 비로 내린다
아 하 삶엔 우연함이 없네

정들어 사랑이 되니
결국엔 운명이 되더이다

그리움은 멀리 있을수록 더 그립고
하늘에 수놓인 별 같아 손닿지 않네

노을이 서산을 넘고
어둠이 내리는 이 밤이 서러워
찬바람 파고드는 고요함이
저린 어깨를 누른다

파도 위에 일엽편주
세찬 밤바람에 갈 길을 잃었다

베개 위에 머리 얹고 눈을 감아도
길고 긴 그 세월의 사연들이 얽혀
맴을 도는 이 밤을 어이하리

이 적막함이 한줄기 눈물 되어
생명을 비집고 흐른다

내 인생

오고가며 다녀도
우주 공간에는
바람 하늘 별들 구름
해와 달이 뜨는 곳에
날마다 먹고 잠들게 하는
긴 밤이 있어 꿈을 꾼다

누가 뭐라 하든
범사에 감사하라
항상 기뻐하라
늘 네 아버지를 기억하라
때가 되면 영생의 삶으로 옮기시리라
그 약속 안에 나는 산다

오동지 섣달 긴긴밤
걱정과 고생이
찬 기운에 놀라 눈물 흘린다

어언 83년 전 그날
알지 못하는 한날
날 세상으로 내 보내신 이가
백발에 해 뜨는 꿈 사라지고

흘러간 나날이 아쉽고 부끄러워
용서를 빈다

고요한 아침 바다
물새들이 울고
떠나간 가족들 안녕을 빌며
나그네 발길은 어디에 머물까
회상해도 그리움 쌓이고

그래도 아직 숨 쉬는 오늘

기억

잊지 말라
나를 잊지 말라
세상이 나를 없다 없다 하여도
넌 나를 잊지 말아라

내 고난 내 고통
너의 생명 낳아준 날
잊지 말라

사랑하는 아들아
네 살 곳은 여기
내게로 오게 하라
날 부르신 뜻을
그 피로 하신 약속을
잊지 말아라

천사들의 흠모함이
네 시련이 되어도
천사들의 시기함이
네게 은혜니라

이긴 자의 유업
곧 다 이루시리

나를 부르심이 내게
복의 복이라
범사에 감사하리라 내 영혼

삶 속에서

어떻게 살아야 할 것을
나는 몰랐습니다

한 해 두 해 세월은 가는데
난 아내의 마음을 몰랐습니다
삶의 즐거움을 나눌 줄도
위로 할 줄도
위로 받을 줄도
내 일에 빠져 돌아볼 줄도
몰랐습니다

아이들 품에 안고
울고 있는 아픔도
봄 가고 겨울 지나
다시 봄 돌아와도
내 할 일에 목숨 걸어 두었습니다

50년이 지나고
텅 빈 가슴에 은퇴로
사방을 돌아봐도 외톨이 신세
아! 인생은 무상하여라

인생무상

해 아래 새 것 없이
과거와 현재 그 순간을 살았구나

영원에서 떨어져 나와
영원을 사모하며

하늘에서 이룬 것 같이
보이신 경륜 다시오마 하시니

어떤 일 있을지
어떻게 해야 할지

갈피 골라 살 수가 없을 때
망설이다 기회는 가고 없었지

봄이 꿈꾸듯 가고 변해버린 마음
건널 수가 없다

홀로 되돌아 보고

희망

새벽 먹이를 찾는 갈매기
까마귀들이 서로 다투며
넘는 한적한 바닷길

어둠속에 등대가 길 안내를 하듯
텅 빈 바다 저 넘어 잠든 섬섬섬

다 어디가고
아득한 별들만 밝아오고
등대만 외로이 반짝인다

벌서 새벽이 오는가
뱃고동 울고
하나 둘 섬들이 깨어난다

동백꽃이 피면 오실까
바람 소리 바닷길에
파도가 소리한다

올해도 그리움은
그린 그림이 되었는가
기다림의 한해는 물거품 되고...

제4부
그리움은

그리움은

바다 물결 아롱지고
등대의 속마음이다

속절없는 한 밤의 기다림
저 하늘도 구름도
눈을 감고 잠들었다

눈앞에 아롱진 물결이
바다에 하늘이 들어와도
봐 줄 사람 없는
빈 가을 찬바람이
지는 해 구름 노을
쓸쓸한 짝 잃은 기러기는
가을을 아는가

나그네로 사는 오늘
바람에 안겨가는 낙엽의 고독
산산이 부셔지는 발아래
숨 넘어 떠도는 신음은
영혼의 노래
버려진 사랑의 탄식

영원을 향한
넋들의 발자국 소리로 울린다

착각

내 삶이 내가 주인인가 하였지

하루를 지나면
모든 풍경 안에 나는 타인이 된다

각기 제 길로 가는 인생
그 안에 누리며 산다고 했지

세상이라 하는
세월이라 하는

누가 이름 지어 불렀는가
나 닮은 사람들

오가며 낮은 눈인사
새롭게 느낄 것이 없는 나날들...

이것이 나의 삶인가
둘이서 일군 삶, 홀로 가는 길

빈 손 빈 가슴으로 잃어버린 인생

외길

추억은 정열의 한세월
빛 바랜 하루

시든 나그네야
훌훌 털어내고

밀려난 하늘 끝
찬바람 넘어간다

죽은 해 별빛으로
길을 묻는다

無題

형형색색 꽃향기
그립다
계절의 무상함이
얼음 조각같이
냉정히 돌아선 가을빛

아직은 남은 꽃 향에
안녕이라 인사 건네고
물길 따라 아득히
푸르른 하늘 원근에
구름에 길 따라 가 보리

꽃송이 송이마다
이별의 눈물 적시며
머얼리 아른아른
지워져 가는 그림자

가슴에 담지 마라
구분 지어 보지 말자
잘난 것도 못난 것도
제 한세상 한세월
바람이 구름을 안고

햇빛도 우주를 안고
하늘은 바다를 안고
생명은 그 비밀 감추고
남자는 여자를 두고
그리움 안고
하염없이 눈물짓는 한순간이더라

사랑은

떨어진 갈잎
몰랐어도
좋았고 기뻤으니

바람이 되어
별이 되어
멀어져 간다

외로워지고 아파 오는
꽃 져버린 겨울같이
언 땅에 앉아 혼자 울고 있다

쌀쌀한 초겨울
겹옷 입고 탈출구 찾아 헤매니
구름은 바람을 따라간다

조용조용 살다 가자
님 찾는 막막함
기다림이 서러워 눈물 고인 오늘
늙어지면 가는 길
그때가 그리워

무엇하리

강물은 언제나 바다로 흘러가고
물길 따라 인생도 가고
늙어 늙어 지쳐가는
하루가 힘겹다

묻지도 마라
살리시는 대로 사는 이치
따져 무엇하랴

꽃들은 지고
낙엽도 지는데
폭포라도 되는 듯이
이생 자랑하지 말자
매달리지도 마라

겨울바람이
해지기를 기다려지는 어둔 밤
죽은 듯이 숨만 쉬자
인생 삶 자랑한들 무엇하리
너와 내가 다 한 삶인 것을

기다림 1

저 멀리 섬들 넘어
높게 오른 하늘
수많은 별빛 흐르는
은하수 길 넘어

활짝 웃고 열어둔
하늘 그 길로
겨울비 내리고
얼음 언 호수에
달그림자 따라 가볼까

메아리 만들어 불러 본다
만나 볼 수 있다면
가자 저 하늘 끝이라도
철 바뀌면 만날꺼냐
긴 긴 겨울밤아
새벽닭이 운다

기다림 2

감감한 저 하늘
끝으로 가 보자
꿈꾸며 살아온 지루한 삶 끝에서
간다 해도 제 자리

익어진 가을 감
보고 또 보고

지난날이 그리워
하도 그리워

동녘으로 나가니
저 바다 건너 섬 섬 섬
갈매기 불러 함께
잠시 쉬자 쉬다 가자

잘 익은 홍시 하나
갈매기 불러 주고 가자
등대 곁에 둔 마음
언제나 다시 만나볼까

주의 왕국

높은 산 낮아지고
골짜기 매워 평지되고
성지를 높이어
다 보게 되리

사막의 꽃들이
사자와 아이들이
친구 되어 놀고
독사도 물지 않는 동산이 되리

삼백 세에 죽는 것
아이들의 죽음 같다는 그날
사막에 샘들이 터졌다

왕 앞의 수장절
예루살렘
그 아름다운 성에 오르자

소망의 나라로

추억은 정열의 한세월
빛바랜 하루
늙은 나그네야
훌훌 털어내고
밀려난 하늘 끝으로
찬바람이 넘는
길을 묻고 가자

가자 이 남은 길
소망의 나라로
찬바람 불고
파도가 일어도
가야 할 길
떠밀려 왔어도 가자

백발을 바람에 날려
소망의 길에 선
멈추어지지 않는
그 어느 날에
나는 거기에 있을테지
그 나라로 가자

그리움

눈앞에 아롱진 가을이라 해도
바다에 하늘이 들어와 있다 해도
그리움을 지울 수 없다

소망 안에
실상을 심으면
지워질까

불완전한 세상에서
바라는 것이 완전함이라면
그 완전한 것은 사랑일게다

내가 그리운 그는
내 안의 임이며 나였구나.
나의 나

형상이 없다
아, 그리운 마음 안의 허전함이
아프고 아플 뿐

기약

시월 삼십 일일
그립다
소리 내어 울 수 없어
하늘길 더듬으며 찾는다

검은 구름에
가려진 섬, 섬, 섬

마음 길
눈물 길
낙엽 바스락이듯이

기약이 없는 세월
뱃고동 우는 아침
등대에 몸 기대고 그린다

흰 구름 흐르는 하늘아래
갈매기들이
날 보고 끼룩끼룩 해를 지운다

못 잊어

내 몸같이 사랑하라
명령으로 받았는데
뼈 중의 뼈
살 중의 살

죽음과 같은 이별을
못 잊어
그리움이 박힌 마음속에
뼈 하나 심고

노을 같이 물든 낙엽이
한잎 두잎 떨어지고
가지들이 떨며
찬바람 불어 윙윙 울고 있다

어찌 잊으려나
꿈길이라도 함께 가자
수십 년 정든 사람아
눈물로 보낸 사람아

꿈길에서

쉽고 가벼운 십자가
함께 지고 가는 믿음의 길

세상 임금을 이기신
은혜의 오솔길 따라

사망 권세를 깨시고
부활로 보인 하늘의 비밀

우편보좌에 앉으셨네
발등상 밟고 오신다

왕의 나라 이루시러 감람산에 서실 때
공중 혼인잔치 끝나고 열매 거두시네

새에덴 하늘 예루살렘
보석들 보다 더 귀한 신부의 환희여

잠시만 더 참고 기다리면
새예루살렘 된 영화를 본다

바람이어라

햇빛 안에 내가 있고
푸른 하늘 안에 우리가 있고

저 바다 물결에 나를 보고
섬들 돌아드는 길 위에 내가 울고 섰다

오늘도 빈 흔들의자에 앉아
타향의 설움이 물결 넘어 흐른다

소망의 한 끝을 잡고
기억 속에 그 약속을 되새긴다

무심히 지나는 갈매기 쫓으며
가을이 내게 와 옆을 지나며
울고 있다

바람으로 떠난 그는
함께 가자 한다

가을바람이 되어
나를 바람이라 한다

一生

어쩌나!
즐거움을 잊어버렸다
하늘은 파랗고 가을 색 노을 닮은
산하에 서 있는

밤과 낮 스치고 지나가는 바람
의미 잃은 말들
지절 그리는 새들의 노래

인생은 강물이 바다에 순화 되듯이
순간에 바뀌는 줄 모르고
정지되어 있는 것

살아보고야 알 수 있는
철 들어 알 그때는 홀로인 것은
일 초도 멈추어 설 수 없는
아픔의 길

오늘도 끌려가는
한 고비 두 고비 힘든 길
그리움에 잡힌 사형수 같은 하루

외쳐라

너희는 풀이요 꽃이라
시들어 떨어지면 흔적조차 없는

영혼은 하늘로 돌아가고
흙은 제 곳으로 가니 무엇을 남기랴?

살았다고 욕심부리는 가슴은
늘 빈 마음 헛된 아집

너희는 죽은 자라
생명 주시는 예수 이름 영접하라

그리하면 영생의
생명으로 살아가리라

어쩌면 오늘

어제가 오늘 같고
오늘이 내일 되는데
삶은 그 자리

날이면 날마다
한 해면 그 오늘
지고 피는 꽃들 보며
차라리 그냥
피지를 말지

나날이 기운이
진하는 오늘
억지 쓰며 피곤 해 하며
산다 한들 무엇을 하랴

하늘과 땅이 오늘
버려두지 않고
씨 심어 놓고
어쩌면 오늘인가?!

약속

영원한 말씀의 약속
그 믿음으로 사는 자의 아버지!
약속을 잊지 않고 기억해 주신
심비에 새겨 주셨습니다
주 안에서
영생이 되었습니다

소망의 주님 닮기 원합니다
참사람으로 삶을 주신 은혜
영원한 사랑 따라
일년 이년 삼년 벌써 팔십년
하늘길 물어 기다린 세월
짙어가는 가을 향기에...

큰 나팔소리로 올라오라시면
호젓이 다 두고 가렵니다

갈매기 참새 떼 까마귀도 노래하는 시작의 하루
고깃배 물 가르며 흐르듯
섬들의 선잠 깨우는
동녘의 해 구름 빛 속으로

나그네

후둑 후둑 비가 내린다
화단의 새싹들이
움추려 빗물에 잠겨든다

몰아치는 바람이
나뭇잎 흔들어
무도회를 연다

급한 걸음들
어디로 가나
구름은 하늘 덮고
흰머리 비바람 맞으며…

따뜻한 봄 그리며
꽃처럼 활짝 웃고
따뜻한 차 한잔 나눌 친구 만나고 싶다

생각 털어내고
빗속을 걸어
우산 고쳐 들고
오늘을 가는 나그네

기다림 1

저 산 위에 구름만
떠도는 오늘
하늘이 흐리기만 해도
지금 밤일까 혼자 더듬는다

눈뜨면 빈 방안에
울리는 초침 소리
창밖에 나뭇가지
꽃들이 열려 웃고 있다

까톡은 봐 달라며 소리치고
일어나야지
일어나야지
오늘이 오는 날

산다는 것이 기다림이지
햇빛은 동쪽에서
구름이 짙어 봄 노을은
지우고 있는데
사라진 바람처럼
섬들의 불빛만 반짝인다

기다림 2

언제고 그 이별이란 순간이
오늘일까
숨겨진 비밀이라
해 돋는 아침 버릇 된 바다
그 길 끝에 서 있는 등대
길동무 되어 나를 반긴다

갈매기 먹이 찾는 바다엔
바람이 휘젓고 지나간다
찬 겨울바람이
한 번의 기회도
떠나더니 소식 없다

별이 된 그리움
한가로이 한 해가 흐르고

한순간에 잊힐래야
영원에서 떨어져 온 세상에
영생을 사모하라고
하늘에서 날 불러 주시면
나도 가야지

친구

친구는 마음에 두고
내가 원할 때
내가 아플 때
내가 쓸쓸히 눈물지을 때
하늘별을 보며 추억하게 한다

봄바람에 꽃잎 떨어질 때
허전한 옛길 가며 그리움을
노래케 한다

어둔 밤 등대에
철석이는 파도 위로
한줄기 마음 안의 친구가 하얗게 웃을 때
봄의 보슬비가
戀歌로 아득한 바람으로 다가온다

아! 세월이여
친구여
마음에 남아 그리움이 되었다

성경책

낡은 성경책 앞에
몇 자 읽고 외우고 전했던
그때 그리워

생생히
살아난 말씀들이
창조의 마침이 오메가

다시 오마 하심을 기다리며
때론 강대상 뒤 의자에
머리 박고 아버지를 찾던 그날들

약속 믿고 산 세월이여
헐어 너덜너덜한 성경
나도 너덜너덜
봄날처럼 지나가고

쓸쓸히 남아있는
성경책

행복

속지 말아요
행복은 신기루입니다

있다 없다 하고나면
아지랑이 되어 지나간다

외로운 사막 한 끝에
서 있는 현실에 놀라고
상처에 흐르는 붉은 핏자국

돌아서서
황막한 사막 위에
푸른 하늘 보며 누웠다

이별

무거운 짐이 내 몸뚱이
거천 할일 힘없게 되면
고려장은 어딜까

지금까지 산 것도 부끄러운데
세상엔 숨어 살 곳 없다

입 닫고 눈감아 호흡을 정지해 보면
캄캄한 길 해매며
아쉬움이 나래를 편다

휴거일까 왕국일까
화장터에 지옥의 눈물일까
산천을 한 바퀴 돌아서서
무덤 아닌 낙원일까
혼자 조용히 누운 대로
깊은 숨 한이 사라질까

일부러 꽃 한송이 병에
꽂아 놓고 갈까
안녕이라 인사할 사람
없어 좋아라

한세상 부모덕에 잘 살고 갑니다
이것이 일생이랍니다

다만 함께한 분들에게
감사함 뿐이다
걱정을 말자
다시는 만나 볼 일이 영원히 없으니

세상

니 편 내 편으로 나눈
사고방식 이념의 차이
인격은 서서히 깨져간다

죽기 살기로
우리는 간데없고
사랑은 식어지고
믿음도 사라진다

남은 정은 어디갔나
정으로 얽히어
살아온 민족의 얼
그때가 그립다

슬퍼하지 말자

인생 그런거지 뭐
아프기도 하고
늙어 힘 빠지고
병들어 미치기도 하고
돈 없고 못 벌어
수모도 당하고
설교도 못한다고 멸시도 받고
자랑도 자존심도
무너져 좌절했던 시절도
아이들에게도 아내에게도
고개 숙인 남자였지

다 떠나고 없으니 홀아비 맛이 쓰다
주님은 아시지요 매달려 울던 그 시절을
오늘도 숨 쉬고 누워 늘어졌다
나는 뭐 하고 살아야 하나?
갈 길을 생각한다
아버지!
탕자입니다

철없는 인생

얼마나 가야 하는가
얼마나 더 가야 끝이 나는가
언제까지 기다려야 하는가
인생의 시작도 그 끝도
나는 모르지

눈 뜨면 고민과 걱정
애비의 책임이
나를 묶는다
입만 벙긋해도
어디를 갔다 와도
초조하던 그 세월
두 아비 한 남편이란 것

나는 없고 껍질만 남아서
방황하다 늙어버린 것
이젠 운명에 따라 다 떠나고
예수 이름 부르다 죽게 된 좋은 나이
세상은 그대로 흐르는데
나를 어디에 두었나
바다로, 산으로
아니아니 하늘로 가 볼까

生命

그 動機는
생명이더라

살아가는 動力도
생명이더라

사랑도
인내도
실수도
오해함도
落心하며 슬픈 것도
생명의 그 존재

삶과 죽음의 實體가
두려움의 根源도
내 가는 길이
시작도 끝도 난 모르나
저만치서 서성이는
어둠이 싫어
黃昏을 바라보며
울고 선 너는 누구인가

3년 세월

알만큼
앓을 만큼
죽을 만큼
미움도 정도 사랑도
다 지나가게 두어라
남은 것 情 하나
봄꽃 한 송이 피었다
지고 없어도 오늘은 간다

무더운 여름
추운 겨울
동백꽃 장미꽃도 속절없구나
가거라!
바람으로 흘러가거라
구름 조각 같이 흘러가라
아득한 저 하늘에서
그리움으로 놀아 보련다
삼월의 하루여!

다 끝났다

지금에 와서
바램은 꿈을 꾼 것이다
미련도 집착도 뜬구름
6월의 햇빛은 장미꽃 지웠다

때는 저물고 깊어가는 밤
혼자 누워 지난 일을 추억한다
영원한 것은 없다
완전한 것도 없다
사람도 사랑도 어쩌면 오늘

여름도 가고 가을이 오면
또 한 세월 멀어지겠지
그냥 조용히 바다의 등대같이
못 본 듯이 눈 감으면
파도가 지나가는 배들

무심히 흘러가는
구름 가듯이 오늘
그 삶이 아니던가
접자!
접어 두고 가지 뭐

소망

배운대로 아는대로
단순하게 살다보면
평안하게 밝게살다
곱게늙어 영생하리
굴곡이진 평생이라
존경칭찬 못들어도
소명받고 사명안고
이곳저곳 내집삼고
고달프다 내색못한
아픈가슴 눌러놓고
깊은한숨 감춘눈물
누가볼까 새벽무릎
꿇고앉아 하소연에
응답말씀 믿음되어
한세월에 한세상이
꿈꾸듯이 살고지고
늙은몸에 하늘소망
아들둘에 손주다섯
아들따라 서울가고
나만홀로 남겨두고
홀애비로 살으라네
바다물결 등대처럼

내동무가 따로없다
나죽어도 하늘나라
살아생전 바라던일
예수행전 완성보고
참아버지 참아들의
영생으로 영원하리

희망

늙은이
희망없는 남은 인생
하염없는 파도가 밀어내는 저녁때

바람이 불어와
가슴에 차오른 울화통을
토해낸다

가거라! 속히 가거라!
떠나는 배에 싣고
멀리 멀리 가거라

그리움도 저 섬 너머로
노을 되어 흘러라
사라진 인생이여

다시 볼 수 없게 하라
등대야 너도!

바람

볼 수 없지만
봄 이슬비
여름 폭풍우
가을은 단풍 만들고
겨울은 얼음 낳는다

인생을 늙게 하는 계절 속에
꽃들은 피고 지는데
열매를 심어 자라는 생명 틈에
어디로 가나
어디로 가나
답 없이 제 길을 따라간 바람

散策(산책)

계절의 때를 따라
피고 지는 꽃들
열매 내기 위해
한사코 매달려
생명을 찾는다

아름다운 자태 하나하나
사랑의 희열 그 향기 발하여

땅에서 할 일 끝이 나는 날
영원의 하늘에서
예비하신 임의 영화를
함께 누리게 하소서

恩寵(은총)

죽은 저에게 새 생명으로
주님의 심장으로 바꾸어 주소서

더러워진 인격을 씻어내어
거듭난 생명의 삶을 주소서

눈 열어 하나님의 뜻을 알게 하시고
믿음 안에서 소망의 실체를 입게 하소서

하늘에서 이룬 것 같이
이 땅에도 이루어주신
그 사랑 주소서

휴거의 그날
주님 날 올려 주소서

기다려 보자

해 뜨고 해가 지는가
계절 따라 덥다 추웠다

구름이 하늘을 방해해도
언제나 말 없는 하늘 그 안에 눈은 내리고
북풍에도 한날은 밝게 푸르다

해야해야 네 안에 꽃들이
喜 怒 哀 樂 生 老 病 死

때를 따라 목숨들의
꿈꾸는 어리석음의 하루 이틀 사흘

흔들리는 바다의 소망
저 건너 그리움의 고향으로 가자고 외친다

떠나는 저 배 돌아올 때
임의 그 향기
실어 오려나

기다리는 오늘이 또 간다

生

복이 무언가?
이미 내가 살아있고
지금 내가 존재로
누리는 것

숨 쉬는 오늘이
영생으로 이어지면
등대처럼 묵묵히
제 할 일 다하리라

언제 올까 기다린
긴긴 시간들
지나간다 하였더니
스미듯 내 속에
차곡히 쌓였다

주름진 얼굴이
낯익다 하였더니
벌써 하얀 씨 꽃이
바람에 흩어진다

어쩌면 오늘

이인우 목사 세번째 시집

인쇄일	2024년 10월 20일
발행일	2024년 10월 31일
지은이	이인우
디자인	도서출판 평강
펴낸곳	도서출판 평강

창원시 마산합포구 남성로 28
☎ 055) 245-8972
E-mail. pgprint@nate.com

· 도서출판 평강과 저자의 서면 동의 없는 무단 전재 및 복제를 금합니다.
· 저자와의 협의에 따라 인지는 생략합니다.

ISBN 979-11-89341-32-9 03600

※ 이 시집은 한국예술인복지재단 지원을 받아 제작한 책자입니다.